Open Dialogues

for Spanish conversation

by Alan Davison

Shield Publishers

ISBN–13: 978-0986372209
ISBN–10: 098637220X

Dear professors of Spanish,

Open Dialogues for Spanish conversation is designed for intermediate and advanced students of Spanish. The dialogues can be used in a traditional classroom or an online course. In a traditional classroom the students, working in pairs, simply follow the thread of conversation, improvising responses to fill in the blank spaces. While they are working, the professor should circulate around the class, answering questions as they arise. Every ten minutes the students can be asked to suspend their conversations and report on their responses to the class as a whole. After doing so, they can return to the dialogues for another ten minutes, and so on. Each dialogue is designed for a traditional fifty-minute class block. In an online course, students can go through the dialogues via Skype or a discussion site monitored by the professor. For teachers who are looking for ways to add more conversation to an intermediate or advanced course, *Open Dialogues for Spanish conversation* is an invaluable tool.

Have fun!

Dr. Alan R. Davison

Index of Dialogues

A: Hay mucha gente que quiere aprender español. Debemos escribir un libro.

B: ¿Un libro? ¿Qué tipo de libro?

A: Un libro de conversación. Un libro de diálogos abiertos que inviten a la gente a conversar sobre una variedad de temas.

B: ¿Qué temas?

A: Temas fundamentales—la carrera, el tiempo de ocio, la amistad, los viajes, la tecnología, las leyes, etc.

B: Es una buena idea. ¿Comenzaremos después de almorzar?

A: Sí, en cuanto nos despertemos de la siesta.

"La Formación Escolástica"

A: Cuando eras niño/a, ¿te gustaba ir a la escuela? ¿Por qué/por qué no?

B: ...... ¿Y tú?

A: ...... ¿Inventaste excusas para quedarte en casa? ¿Por ejemplo?

B: ...... ¿Qué juegos jugabas cuando estabas en la primaria?

A: ...... ¿Cuál era tu juego preferido? ¿Por qué?

B: ...... ¿Qué te gustaba más de tu primaria? ¿Qué te gustaba menos? ¿Por qué?

A: ...... ¿Y tú?

B: ...... ¿Te gustaba tu secundaria? ¿Por qué/por qué no?

A: ...... ¿Y tú?

B: ...... ¿Jugabas algún deporte en la secundaria? ¿Te pertenecías a algún club o grupo estudiantil?

A: ...... ¿Y tú? ¿Por qué/por qué no?

B: ...... ¿Recibías buenas notas en la secundaria?

A: ...... Y tú, ¿cuáles eran tus clases preferidas? ¿Por qué?

B: ...... Y tú, ¿cuál era la materia más difícil para ti? ¿La más fácil?

A: ...... ¿Tenías una buena vida social en la secundaria? ¿Por qué sí/por qué no?

B: ...... ¿Y tú? ¿Cómo podría haber sido mejor?

A: ...... ¿Piensas que las secundarias en los EEUU no son suficientemente exigentes? ¿Por qué/por qué no?

B: ...... Y tú, ¿cuántas horas estudiabas por semana en la secundaria?

A: ...... ¿Qué clases has tenido que tomar que no querías tomar?

B: ...... y .... ¿Tú?

A: ...... ¿Has tomado alguna clase que no querías tomar pero que te gustó?

B: ...... ¿Tú?

A: ...... ¿Cuántas horas estudias por semana? ¿Trabajas también?

B: ...... Muchos estudiantes trabajan más horas por semana que estudian. ¿Qué piensas de esto?

A: ...... ¿Cuál es tu especialidad? ¿En qué año estás?

B: ...... ¿Y tú? ¿Por qué escogiste esa especialidad?

A: ...... ¿Piensas que es bueno tomar una variedad de clases—las humanidades, las ciencias, etc.? ¿Por qué? ¿Por qué no?

B: ...... Tienes una buena vida social en la universidad? ¿Cómo podría ser mejor?

A: ...... ¿Qué piensas de los profesores?

B: ...... ¿Y tú?

A: ...... ¿Has tenido un/a profesor/a alguna vez que no era muy entretenido/a, pero que te enseñó mucho?

B: ...... ¿Cuáles son las características de un buen profesor?

A: ...... ¿Cuáles son las características de un buen estudiante?

B: ...... En la mayoría de las universidades de Europa la asistencia no es obligatoria. La única cosa que tienen que hacer los estudiantes es salir bien en los exámenes. Las clases funcionan a base de "conferencias" y no "conversación." ¿Qué piensas de este sistema? ¿Cuáles son las ventajas de este sistema? ¿Las desventajas?

A: ...... ¿No estás de acuerdo?

B: ......

"La Carrera"

A: ¿Qué carrera piensas seguir?

B: ...... ¿Y tú? ¿Por qué razones escogiste esa carrera?

A: ...... ¿Y tú? ¿Cuántos dólares quieres ganar por año? ¿Cuántas horas por semana quieres trabajar?

B: ...... ¿Tú?

A: ...... ¿Cuántos días de vacación necesitas por año?

B: ...... En los países europeos la mayoría de la gente tiene al menos un mes de vacaciones en el verano. ¿Por qué trabajamos más en los EEUU?

A: ...... Los latinos tienen un dicho: "Los norteamericanos viven para trabajar, pero nosotros trabajamos para vivir." ¿Estás de acuerdo? ¿Por qué/por qué no?

B: ...... En España los españoles trabajan (por lo común) desde las 9:30 hasta la 1:30, y luego desde las 5:00 hasta las 8:00. ¿Cuales serían las ventajas y desventajas de este horario? ¿Prefieres el horario norteamericano? ¿Por qué/por qué no?

A: ...... ¿No estás de acuerdo?

B: ...... ¿Qué trabajo tienes actualmente? ¿Es un trabajo importante? ¿Te gusta?

A: ...... ¿Y tú? ¿Tienes un sentido de orgullo en tu trabajo?

B: ...... ¿Qué haces, exactamente, en tu trabajo? ¿Trabajas con personas o con máquinas? ¿Conoces a personas nuevas todos los días? ¿Te gustan tus colegas? ¿Por qué/por qué no?

A: ...... ¿Y tú?

B: ...... ¿Piensas que a la mayoría de la gente le gusta su trabajo? ¿Por qué/por qué no?

A: ...... ¿Cuál es el trabajo más interesante que jamás hayas tenido? ¿Por qué fue interesante?

B: ...... ¿Y tú? ¿Cuál ha sido el empleo menos interesante que hayas tenido?

A: ...... Si tú fueras independentemente rico, ¿trabajarías? ¿Qué harías? ¿Por qué?

B: ...... ¿Y tú?

A: ...... ¿Qué sería para ti "el empleo ideal"? Descríbelo:

B: ...... ¿Y para ti?

A: ...... ¿Conoces a alguien que trabaja todo el tiempo? ¿Por qué trabaja tanto?

B: ...... ¿Eres tú una persona que siempre trabaja?

A: ...... Describe cinco cosas materiales que quieres tener un día en el futuro: ¿Por qué quieres tenerlas?

B: .... porque .... ¿Y tú?

A: ......

B: Cuando tú tienes dinero de sobra, ¿qué haces con él? ¿Vas de compras? ¿Lo metes en el banco? ¿Por qué?

A: ...... ¿Y tú? ¿Tienes una cuenta en un banco? ¿Tienes acciones en La Bolsa? ¿Qué otras inversiones tienes?

B: ...... ¿Y tú? ¿Qué piensas de "Bienes y Raices" como una inversión?

A: ..... ¿Piensas que un coche nuevo es una buena inversión? ¿Por qué/por qué no?

B: ...... Cambiando el tema un poquito, quiero saber si tú te consideras una persona generosa.

A: ..... Cuando vas en una cita, ¿pagas tú o vas "a escote"?

B: .....

"La Honestidad"

A: ¿Qué características admiras más en una persona? ¿La honestidad, la lealtad, la generosidad, la inteligencia, la espiritualidad, etc.?

B: ...... y también pienso que ...... además es muy importante el/la ....
¿Estás de acuerdo?

A: ..... ¿Como escojes a tus amigos?

B: ..... ¿Y tú?

A: ..... ¿Eres tu una persona honesta? ¿Bajo qué circunstancias has dicho una mentira?

B: ..... ¿Cuál es la mentira más grande que tú has dicho?

A: ..... ¿Conoces a alguien que mienta constantemente? ¿Por qué lo hace él/ella?

B: ..... ¿Te confías mucho en otras personas?

A: ..... ¿Y tú? ¿Te has lastimado alguna vez al confiarte en otra persona? ¿Cuándo?

B: ..... ¿Puedes conocer mejor a una persona por sus "acciones pequeñas" que por sus logros grandes?

A: ..... ¿Qué piensas tú? ¿Puedes dar ejemplos de algunas acciones pequeñas que muestren la personalidad de una persona?

B: ..... ¿Te impresionas por logros grandes?

A: ..... ¿Qué tipo de conocimiento admiras mas? ¿El conocimiento académico, mecánico, artístico, natural?

B: ..... ¿Y tú? ¿Tienes amigos que no se hayan graduado de la escuela secundaria? ¿Qué puedes aprender de ellos?

A: ..... ¿De dónde vienen tus valores? ¿De tus padres, de la televisión, del Internet, de tu religión?

B: ..... ¿Y tú? ¿Por qué piensas como piensas?

A: ..... ¿Has tenido algún conflicto con tus padres en cuanto a tus valores? Describir:

B: ..... ¿Y tú? ¿Cómo solucionaste el conflicto?

A: ..... Dicen que "el camino es la mejor escuela." ¿Estás de acuerdo? ¿Por qué sí/por qué no?

B: ..... ¿Aceptas a la gente que tenga valores que son diferentes a los tuyos, o tratas de cambiarlos?

A: .....

"La Amistad"

A: ¿Cómo definirías "la amistad"?

B: ..... ¿Y tú?

A: .....

B: ¿Tienes diferentes tipos de amigos para diferentes ocasiones?

A: ..... ¿Y tú? ¿Hay algunos amigos con los cuales solamente juegas deportes y otros con que solamente conversas, etc?

B: ..... ¿Son la mayoría de tus amigos hombres o mujeres? ¿Por qué?

A: ..... ¿Y tú? ¿Piensas que la amistad entre personas de diferentes sexos es mas difícil? ¿Por qué sí/por qué no?

B: ..... ¿Piensas que es más fácil para los hombres o para las mujeres tener muchos amigos?

A: ..... ¿No crees?

B: ..... ¿Qué piensas de "male bonding"?

A: .....

B: ¿Cuáles son las cosas/ocasiones más comunes que destruyen una amistad?

A: ..... ¿Estás de acuerdo?

B: ..... ¿Has perdido un/a buen/a amigo/a alguna vez?

A: ..... ¿Y tú? ¿Qué pasó?

B: ..... ¿Quién es tu mejor amigo/a actualmente? ¿Por qué es tu amigo/a?

A: ..... ¿Y tú?

B: ..... ¿Cuánto tiempo es necesario para que una persona llegue a ser un buen amigo? ¿Un año? ¿Un mes? ¿Una semana? ¿Una cerveza?

A: ..... ¿Estás de acuerdo?

B: ..... ¿Dónde conociste a tu mejor amigo/a?

A: ..... ¿Y tú?

B: ..... ¿Envidias a alguno de tus amigos?

A: ..... ¿Y tú? ¿Por qué?

B: ..... ¿Eres tu un/a buen/a amigo/a? ¿Por qué sí/por qué no?

A: .....

B: ¿Te confias completamente en tu amigo/a? ¿A quién le dices tus secretos más profundos?

A: ..... ¿Y tú?

B: ..... ¿Existe la amistad entre tú y los miembros de tu familia?

A: ..... ¿Y tú?

B: .....

A: ¿Estás todavía en contacto con tus amigos de la primaria y secundaria?

B: ...... Y tú?

A: ......

B: ¿Piensas mantener una correspondencia en el futuro con los amigos que tienes ahora?

A: ...... ¿Y tú? ¿Escribes muchas cartas?

B: ...... ¿De qué cosas hablas cuando te reúnes con tus amigos—los deportes, los otros amigos, los novios, el significado de la vida? ¿Cuál es el significado de la vida?

A: .....

"Los viajes"

A: ¿Viajas mucho? ¿Qué viajes has hecho en los últimos diez años?

B: ...... ¿Y tú? ¿Adónde fuiste? ¿Cuánto tiempo estuviste allí? ¿Qué hiciste? ¿Fuiste solo/a o con otras personas?

A: ...... ¿Viajaste por tren alguna vez? ¿En barco? ¿Por avión? Describir tu experiencia:

B: ...... ¿Y tú? ¿Has dormido alguna vez en un tren? ¿Has hecho algún viaje en un autobús? Describir:

A: ..... De todos los lugares en el mundo que conoces, ¿cuál es tu ciudad favorita? ¿Por qué?

B: ...... ¿Y tú? ¿Y cuál es tu menos favorita?

A: ...... ¿Te gusta probar diferentes tipos de comida en diferentes lugares?

B: ...... Y tú, ¿cual es la comida más rara que jamás hayas comido?

A: ...... ¿Te portas diferentemente cuando estás de viaje? ¿Eres más abierto/a, más tímido/a? Explicar:

B: ...... ¿Y tú? ¿Por qué?

A: ...... ¿Conociste a muchas personas nuevas en tus viajes? ¿Qué tipo de persona conociste?

B: ...... ¿Y tú? ¿Te mantienes en contacto con alguno de ellos?

A: ...... ¿Y tú?

B: ...... Más y más personas viajan a diferentes lugares cada año, ¿por qué piensas que lo hacen?

A: ..... también porque ..... ¿Hay lugares que no conoces que te gustaría concoer? ¿Cuáles? ¿Por qué?

B: ..... ¿Y tú?

A: ..... ¿Cómo prefieres viajar? ¿Con mochila? ¿Haciendo el "auto-stop"? ¿De primera clase en los hoteles de cinco estrellas?

B: ..... ¿Y tú? ¿Necesitas dormir en un hotel con una ducha y agua caliente?

A: ..... ¿Fuiste en algún viaje con tus padres cuando eras niño/a? ¿Adónde fueron? ¿Te gustó? ¿Por qué sí/por qué no?

B: Describir la experiencia más aventurosa que has tenido en un viaje:

A: ...... y luego me robaron el pasaporte ..... y después de escaparme de la cárcel ..... y me escondí en un barco que iba a Singapur ..... pero los tiburones no me comieron.....

"El Tiempo de Ocio"

A: Cuando tienes tiempo libre, ¿qué haces?

B: ...... ¿Y tú? ¿Te gusta leer libros? ¿Por qué sí/por qué no?

A: ...... ¿Y tú? ¿Qué tipo de libro te gusta leer? ¿Por qué? ¿Quiénes son tus autores favoritos? ¿Por qué?

B: ...... ¿Te gusta hacer camping? ¿Por qué/por qué no?

A: ...... ¿Y tú? ¿Haces camping? ¿Sabes pescar? ¿Cuándo fue la última vez que hiciste camping? ¿Adónde fuiste? Describe todo lo que hiciste:

B: ...... ¿Y tú? ¿Has tenido alguna vez una experiencia peligrosa en las montañas? Descríbela:

A: ..... ¿Qué te gusta más de estar en las montañas? ¿Qué te gusta menos?

B: ..... ¿Y tú?

A: ..... ¿Qué juegos juegas en tu tiempo de ocio? ¿Juegos electrónicos? ¿El ajedrez? ¿Los deportes?

B: ..... ¿Y tú? ¿Vas a espectáculos deportivos?

A: ..... ¿Y tú?

B: ..... ¿Prefieres ir al cine o ver películas en casa?

A: ..... ¿Y tú? ¿Qué tipo de película te gusta? ¿Por qué? ¿Quiénes son tus actores favoritos? ¿Por qué?

B: ..... ¿Te gustan los conciertos musicales? ¿Cuál es tu música preferida?

A: ..... ¿Y tú? ¿Te gusta bailar? ¿Adónde vas para bailar?

B: ..... ¿Te gustan los parques? ¿Por qué? ¿Qué haces cuando vas al parque?

A: ..... ¿Y tú?

B: ..... ¿Te gusta cocinar?

A: ..... ¿Tú? ¿Qué cosas sabes cocinar?

B: ..... ¿Haces cosas diferentes según la estación? ¿Cuál es tu estación favorita? ¿Por qué?

A: ..... ¿Y tú? ¿Qué estación te gusta menos? ¿Por qué?

B: ..... ¿Te gustan las fiestas? ¿Qué tipo de fiesta te gusta más? ¿Qué tipo te gusta menos? ¿Por qué?

A: ..... ¿Y tú? Describe la mejor fiesta a la cual has asistido: ¿Cuántas personas había? ¿Dónde tuvo lugar? ¿Qué cosas hiciste?

B: ..... ¿Has organizado una fiesta alguna vez en tu casa? ¿Cuáles son los problemas más grandes de organizar una fiesta?

A: ..... ¿Y tú? ¿Organizas fiestas o solamente vas a las fiestas de otros?

B: ..... ¿Te gustan los bares, las cantinas, y los clubes privados? ¿Por qué/por qué no?

A: ..... ¿Y tú? ¿Cuál fue la peor experiencia que hayas tenido en un bar? ¿La mejor?

B: ..... y después de vomitar ...... ¿Dónde piensas que es el mejor lugar para conocer a otras personas—los bares, la iglesia, los conciertos, la escuela, la clase de español?

A: ..... Cuando vas de vacación, ¿adónde vas? ¿Por qué?

B: ...... o voy a ...... o ...... ¿Y tú?

A: ...... o voy a ...... Describe la mejor vacación que jamás hayas tenido:

B: ..... ¿Qué buenas vacaciones has tenido tú? ¿Por qué fueron tan buenos?

A: ..... ¿Cuál fue la peor vacación que hayas tenido?

B: .....

"La Memoria"

A: Cuenta una de las memorias más agradables de tu niñez:

B: ...... Ahora tú:

A: ...... Una de las menos agradables:

B: ...... ¿Tú?:

A: ...... Ahora una de las mejores de cuando asistías a la secundaria:

B: ...... ¿Y tú?

A: ...... ¿Por qué te acuerdas de estas ocasiones?

B: ...... ¿Y tú?

A: ...... ¿Tienes una buena memoria? ¿Qué cosas recuerdas con facilidad y qué cosas siempre se te olvidan?

B: ...... ¿Tienes algunos trucos para ayudarte a recordar cosas? ¿Qué son?

A: ...... ¿Y tú?

B: ...... ¿Qué cosas quisieras olvidar de tu pasado?

A: ......, ..., ..., ... Jorge Luis Borges ha dicho, "La historia es la memoria común de una cultura." ¿Qué piensas de esto? ¿Es importante saber algo de la "memoria" (historia) de tu cultura? ¿Por qué/por qué no?

B: ...... ¿Qué piensas de la amnesia? ¿Sería espantoso tener amnesia? ¿Por qué?

A: ......

B: ¿Qué tipo de historia te interesa más? ¿La historia de las guerras, la historia de individuos, la historia de la tierra? ¿Por qué?

A: ...... ¿Y tú?

B: ...... ¿Qué sabes de la historia de tu familia? ¿Qué sabes de tus antepasados? ¿Te interesa saber algo? ¿Por qué/por qué no?

A: ...... ¿Qué sabes tú?

B: ...... ¿Te contaban historias tus abuelos? Por ejemplo?

A: ...... ¿Y tus abuelos?

B: ...... Algunas personas piensan que la historia es sumamente aburrida. ¿Por qué crees que piensan esto?

A: ..... Si las memorias nos ponen en contacto con el pasado, las ilusiones y las fantasías nos ponen en contacto con el futuro. ¿Qué ilusiones o fantasías tienes para el futuro? ¿Qué quieres hacer de tu vida? Cuando tengas ochenta años y estás por morir, ¿qué historia quieres haber tenido?

B: Quiero haber hecho .... y ...... y ...... y quiero haber visto ...... y quiero haber viajado a .... y quiero haber tenido ...... Y tú?

A: ...... ¿Quieres dejar algún memorial de tu vida? ¿Un libro? ¿Una estatua? ¿Un edificio? ¿Tu autobiografía?

B: ...... ¿Y tú? ¿Estarías contento/a con el olvido eterno? ¿Te molestaría si cuando te murieras nadie se acordara de ti?

A: ...... ¿Y tú? ¿Quién se acordará de ti? ¿Por cuánto tiempo se acordarán?

B: ......

"La Risa"

A: ¿Eres una persona que se ríe mucho?

B: ...... ¿Y tú?

A: ...... Y tú, ¿de qué cosas te ríes?

B: ......

A: Mis cómicos favoritos son ...... y ....

B: ¿Por qué?

A: ...... ¿Cuáles son tus cómicos favoritos? ¿Hay programas de televisión que te hacen reír? ¿Cuáles son?

B: ...... ¿Cuáles son tus personajes favoritos? ¿Por qué?

A: ...... ¿Y tú?

B: ...... ¿Cuál es la película más chistosa que hayas visto? ¿Por qué la consideras chistosa?

A: ...... El Koran dice, "El que hace que los otros se rían, merece el paraíso." ¿Estás de acuerdo?

B: ...... ¿Y tú? ¿Haces que los otros se rían? ¿Cómo?

A: El médico Norman Cousins experimentó con los poderes curativos de la risa. ¿Piensas que la risa puede curar las enfermedades?

B: .... porque ....

A: ¿Qué piensas de las películas de Walt Disney? ¿Te hacían reír cuando eras niño/a? ¿Te hacen reír ahora?

B: ...... ¿Qué piensas del oso Pooh?

A: ...... ¿Te gustaban los payasos cuando eras nino/a?

B: ......

A: ¿Conoces a alguien que dice muchos chistes? ¿Sabes un chiste tú?

B: ...... ¿Piensas que es importante tener un buen sentido de humor? ¿Por qué?

A: ...... ¿Tienes un buen sentido de humor?

B: ...... ¿Puedes narrar una ocasión en que te reíste mucho?

A: ...... ¿Y tú?

B: ...... ¿Qué cosas te hacen llorar?

A: ...... Y tu, ¿te hacen llorar las películas de amor?

B: ...... ¿Lloras en público o solamente a solas? ¿Te da vergüenza?

A: ...... ¿Qué haces cuando ves a una persona que está llorando?

B: ...... ¿Cuáles son las cosas más comunes que nos hacen llorar?

A: ...... ¿Piensas que es saludable llorar? ¿Por qué/ por qué no?

B: ...... ¿Qué haces cuando estás triste o deprimido/a?

A: ...... ¿Y tú?

"La Pobreza"

A: ¿Cómo definirías "la pobreza"? ¿Qué experiencias has tenido con la pobreza?

B: ...... Y tú, ¿conoces a alguien que es econímicamente pobre?

A: ...... ¿Has hecho algún trabajo voluntario para ayudar a la gente pobre, o a la gente si hogar? ¿Cuándo? ¿Dónde?

B: ...... ¿Y tú?

A: ¿Contribuyes a alguna organización de caridad?

B: ...... ¿Qué cosas podemos hacer para ayudar a los pobres? ¿Qué cosas pueden hacer ellos?

A: ...... ¿Puedes pensar en otras soluciones?

B: ...... ¿Qué piensas de la asistencia social?

A: ...... ¿Y tú?

B: ...... En muchos países latinoamericanos hay más pobreza que en los EEUU, ¿por qué crees que es así?

A: ...... ¿No estás de acuerdo?

B: ......

A: ¿Eres tú una persona que ayuda mucho a las otras personas?   ¿Qué cosas haces?

B: ...... ¿Y tú?

A: ...... ¿Con qué cosas eres generoso/a (tu dinero, tu tiempo, tus posesiones materiales, tu amor, etc.) y con qué cosas no?

B: ...... Cuando vas a un restaurante con un grupo de amigos, ¿calculas exactamente cuánto debes, o pagas un poquito de sobra?

A: ...... ¿Te gusta más "dar" o "recibir"?

B: ...... ¿Y tú? Dar un ejemplo de una ocasion cuando experimentaste mucho placer al darle algo a alguien, y otra ocasion placentera cuando recibiste algo:

A: ...... ¿Y tú?:

B: ...... ¿Cuál es el mejor regalo que jamás hayas dado? ¿Qué jamas hayas recibido?

A: ...... ¿Crees que (en general) la gente pobre es más generosa que la gente rica? ¿Por qué sí/Por qué no?

B: ...... ¿Quieres tener mucho dinero? ¿Por qué/Por qué no?

A: ...... ¿Es posible tener demasiado dinero?

B: ......

14

"Las Relaciones Amorosas"

A: ¿Cuántos años tenías cuando tuviste tu primer novio/a?

B: ...... ¿Y tú? Describe la relación:

A: ...... ¿Y tú? ¿Cuánto tiempo duró la relación? ¿Por qué terminó?

B: ...... ¿Qué sería una buena edad para casarse? ¿Por qué?

A: ...... ¿Estás de acuerdo? ¿Es bueno tener hijos inmediatamente o es mejor esperar unos años? ¿Por qué?

B: ...... ¿Qué características físicas te atraen a una persona?

A: ...... ¿Y tú?

B: ...... ¿Qué aspectos de la personalidad te atraen más? ¿Por qué?

A: ...... ¿Y tú? De todas estas cosas, ¿cuáles son las cosas más importantes? ¿Por qué?

B: ..... ¿Qué característica te disgusta más?

A: ..... ¿Cuáles son los elementos que hacen que una relación/matrimonio funcione?

B: ...... ¿Estás de acuerdo?

A: ...... ¿Cómo te gusta que tu companero/a te muestre el cariño—con regalos, contacto físico, o con palabras?

B: ...... ¿Y tú?

A: ...... ¿Por qué piensas que hay tantos divorcios hoy día?

B: ...... ¿Puedes pensar en otras razones?

A: ...... ¿Y tú?

B: ...... ¿Qué piensas de la coabitación antes del matrimonio? ¿Cuáles serían las ventajas y desventajas de la coabitación?

A: ...... ¿Has coabitado/estado casado/a alguna vez? ¿Cuáles son las dificultades que se tiene que enfrentar diariamente?

B: ...... ¿Qué cosas puedes hacer para mantener el interés en una relación?

A: ...... ¿Puedes pensar en algo más?

B: ...... ¿Has alguna vez tenido que terminar una relación tú? ¿Cómo lo hiciste?

A: ...... ¿Y tú?

B: ...... ¿Qué característica general de los hombres te molesta más?

A: ...... ¿Tú? ¿Por qué?

B: ...... ¿Qué característica te molesta más de las mujeres?

A: ...... ¿Y tú? Por qué?

B: ...... ¿Qué te gusta más de los hombres, las mujeres?

A: ...... ¿Y tú?

B: ...... ¿Qué piensas de la homosexualidad? ¿Por qué?

A: ...... ¿Y tú?

B: ...... ¿Piensas que debemos enseñar la educación sexual en las primarias? ¿Por qué/por qué no?

A: ...... ¿Y tú?

B: .... ¿Qué piensas del uso del sexo en los anuncios—el sexo y la desnudez en la televisión?

A: .... ¿Son más infieles los hombres o las mujeres? ¿Por qué?

B: ....

"La Belleza"

A: ¿Cuán a menudo vas al salón de la belleza/peluquería?

B: .... ¿Y tú?

A: .... ¿Cuánto gastas por un corte de pelo?

B: .... ¿Piensas que eso es demasiado?

A: .... ¿Cuánto tiempo pasas en frente del espejo en la mañana? ¿Te bañas todos los días?

B: .... ¿Y tú? Describe tu rutina de todas las mananas:

A: .... ¿Usas maquillaje? ¿Qué tipo? ¿Por qué?

B: .... ¿Y tú?

A: .... Y tu ropa, ¿adónde vas para comprar ropa? ¿Por qué?

B: .... ¿Y tú? ¿Cuán a menudo vas de compras—una vez por año, una vez por mes, una vez por semana, todos los días? ¿Cuánto gastas? ¿Te gusta ir de compras? ¿Por qué?

A: .... ¿Y tú? ¿Esperas las ofertas, o compras impulsivamente?

B: .... ¿Siempre compras ropa de última moda?

A: .... ¿Qué piensas de las personas que siempre tienen que estar de moda?

B: .... ¿Y tú?

A: .... ¿Cuántos pares de zapatos tienes?

B: ....

A: ¿Lees las revistas de la moda como "Cosmo" "GQ,"?

B: .... ¿Y tú? ¿Por qué son tan populares estas revistas?

A: ....

B: Si pudieras cambiar alguna parte de tu aspecto físico, qué cambiarias—tu nariz, tus ojos, tu pelo, tus pies, tu boca, tus labios? ¿Por qué?

A: ...... ¿Y tú?

B: ...... Algunas personas creen que para las personas bellas es más difícil encontrar amigos verdaderos. ¿Estás de acuerdo?

A: ...... ¿Quiénes son las personas más famosas actualmente por su belleza?

A: ...... ¿Cómo es diferente el concepto de la belleza en otros países?

B: ...... ¿Qué piensas tú?

A: ...... ¿Qué piensas del papel de la belleza en los anuncios?

B: ...... ¿Piensas que hay mas presión sobre las mujeres de "ser bellas"? Por qué/por qué no?

A: ...... ¿Qué piensas de los "concursos de belleza" como "Miss America" y "Miss Universo"?

B: ...... ¿Y tú?

A: ...... ¿Qué "cosas" bellas te gustan mas—las montañas, el arte plástico, la literatura, la arquitectura? ¿Por qué?

B: ...... ¿De dónde viene tu concepto de la belleza? ¿Por qué piensas que una cosa es bella y otra cosa es fea?

A: ...... ¿No estás de acuerdo?

B: ...... ¿Qué consideras como el lugar más hermoso en el mundo? ¿Por qué lo consideras tan hermoso?

A: ...... ¿Y tú?

B: ......

"El Miedo"

A: ¿Qué cosas te daban miedo en el pasado que no te dan miedo hoy?

B: .... ¿Y tú? ¿Por qué has cambiado?

A: .... ¿Qué cosas te dan miedo hoy que no te daban miedo en el pasado?

B: .... ¿Y tú?

A: .... ¿Te consideras una persona miedosa o coragiosa? ¿Por qué?

B: .... ¿Cuáles son la manifestaciones físicas del miedo?

A: .... y .... y ....

B: .... ¿Qué influencia tienen tus miedos en como te actúas en tu vida cotidiana?

A: .... ¿Y tú? ¿Puedes dar un ejemplo?

B: .... ¿Tienes miedo de viajar por avión? ¿Tienes acrofobia?

A: .... ¿Y tú?

B: .... ¿Tienes miedo de los perros? ¿Por qué/por qué no?

A: .... ¿Y tú? ¿Has sido mordido por un perro? ¿Prefieres los gatos a los perros? ¿Por qué?

B: .... ¿Qué piensas de los murciélagos? ¿Los insectos? ¿Hay insectos que te dan miedo?

A: .... ¿Tienes miedo de caminar a solas por las calles en la noche?

B: .... ¿Y tú? ¿Qué precauciones puedes tomar para estar más seguro personalmente? ¿Llevas una pistola en tu bolsa o mochila?

A: .... ¿Tienes miedo de fracasar o "no tener éxito" en la vida? ¿En la universidad?

B: .... ¿Y tú? En relaciones amorosas, ¿tienes miedo de ser rechazado/a? ¿De llegar a estar "demasiado" enamorado/a, depender demasiado de la otra persona?

A: ....

B: ¿Qué puedes hacer para conquistar estos temores?

A: .... ¿De dónde vienen tus temores? ¿De los periódicos, de la televisión, de tus experiencias personales?

B: .... ¿Sabes qué quiere decir la palabara xenofobia?

A: .... ¿Piensas que los norteamericanos tenemos xenofobia?

B: .... Pienso que la xenofobia existe porque ....

A: Sí, estoy de acuerdo. ¿Qué piensas de las películas de horror? ¿Por qué son tan populares?

B: .... ¿Te gusta estar espantado/a?

A: .... ¿Cuando eras niño/a y tenías miedo, ¿a quién buscabas? ¿A tu madre? ¿A tu padre? ¿A tu peluche preferido?

B: .... ¿Qué hacía esa persona para calmar y consolarte?

A: .... ¿Te gustaba escuchar cuentos de fantasmas cuando eras nino/a? ¿Puedes recordar uno?

B: .... ¿Tienes miedo a la muerte? ¿Cómo te gustaría morir - -en un acidente o de una prolongada enfermedad?

A: .... Y tu, ¿qué experiencias has tenido con la muerte—amigos, familia?

B: .... ¿Tienes miedo de estar solo/a? ¿Sabes que quiere decir agorafobia?

A: .... ¿Es común usar el miedo para controlar a la gente? ¿Por ejemplo?

B: .... ¿Y los políticos? ¿Los anuncios? ¿Los profesores? ¿Tus padres? ¿Cómo usan el miedo?

"Los Medios de Comunicación"

A: ¿Qué medios de comunicación usas para informarte de las noticias del día?

B: .... ¿Y tú? ¿Qué fuente prefieres? ¿Por qué?

A: .... ¿Qué fuente es la más objetiva?

B: .... ¿Estás de acuerdo? ¿Por qué?

A: .... ¿Quién controla los medios?

B: ....

A: ¿Qué consideras como el mejor periódico? ¿Por qué?

B: .... ¿Cuáles son las características de un buen periódico?

A: .... ¿Cuáles son las características de un buen reportero?

B: .... Algunas personas nunca ven las noticias, no les interesan. ¿Piensas que esto es bueno o malo? ¿Por qué?

A: .... ¿Qué aspecto de las noticias te interesa más—el prognóstico del tiempo, los deportes, las noticias internacionales, las noticias regionales? ¿Qué te interesa menos? ¿Por qué?

B: .... ¿Y tú?

A: .... ¿Cuántas horas de televisión ves por semana—cinco, quince, cincuenta, cien?

B: .... ¿Y tú? ¿Cuáles son tus programas favoritos?

A: .... Algunas personas dicen que los jóvenes en los EEUU ven demasiado televisión y pasan demasiado tiempo en el Internet? ¿Estás de acuerdo? ¿Por qué/por qué no?

B: .... ¿En qué manera puede ser buena la televisión? ¿En qué manera puede ser mala?

A: .... ¿Qué piensas tú?

B: .... ¿Qué piensas de los anuncios en la televisión y el Internet? ¿Cuáles son los más eficaces?

A: .... ¿Y tú? Si tu quisieras venderle algo a alguien, ¿qué estrategia usarías?

B: ....

"La enajenación"

A: ¿Por qué hay tanta enajenación en la sociedad norteamericana? ¿Cuáles son algunas de las causas?

B: ...... ¿Puedes pensar en otras causas?

A: ...... ¿Te sientes enajenado/a de vez en cuando? ¿Cuándo? ¿Por qué?

B: ...... ¿Y tú?

A: ...... ¿Te gusta estar solo/a? ¿Por qué sí/por qué no?

B: ...... ¿Y tú? ¿Qué cosas haces cuando estás solo/a?

A: ...... ¿Tienes algún "hobby"?

B: ...... ¿Y tú?

A: ...... ¿Te gusta estar en grupos de muchas personas, en medio de la muchedumbre? ¿Por qué sí/por qué no?

B: ...... ¿Y tú? ¿Qué tipo de muchedumbre te gusta?

A: ...... ¿Qué piensas del fenómeno de los "stalkers" los perseguidores? ¿Por qué hacen lo que hacen?

B: ...... ¿Has tenido alguna experiencia con un "stalker"?

A: ...... ¿Qué podríamos hacer en nuestra sociedad para hacer que la gente no se sintiera tan enajenada?

B: ...... ¿Y tú? ¿Puedes pensar en algunas soluciones? ¿Qué hacen en otros países?

A: .... ¿Qué consejos le das a un amigo/a que se siente solo/a y enajenado/a?

B: ...... ¿Prefieres vivir en una sociedad donde todos te conocen, o donde puedes vivir anónimamente? ¿Por qué?

A: ...... ¿Y tú?

B: ...... ¿Qué piensas de los programas de "reality tv"? ¿Por qué son tan populares?

B: ...... ¿Te gustan? ¿Por qué sí/por qué no?

A: ...... ¿Te gustan las películas, las novelas? ¿Por qué?

B: ...... ¿Y tú?

A: ......

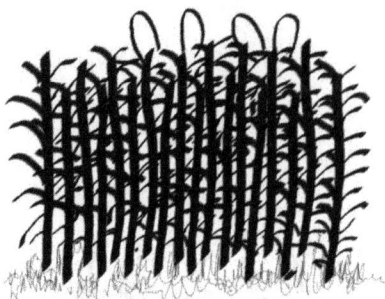

"Las mentiras y los secretos"

A: ¿Qué cosas te parecen increiblemente aburridas?

B: .... ¿Y tú? ¿Por qué?

B: ...... ¿Estás aburrido frecuentemente? ¿Cuándo?

A: ...... ¿Y tú?

B: ...... ¿Qué cosas te hacen enojar?

A: ...... ¿Y tú? ¿Por qué?

B: ...... ¿Cuándo fue la última vez que estuviste sumamente enojado/a? ¿Por qué estuviste enojado/a?

A: .... ¿Conoces a otras personas que se enojan fácilmente? ¿De qué se enojan? ¿Qué hacen cuando se enojan?

B: .... ¿Eres una persona nerviosa? ¿Cuándo te pones nervioso/a?

A: .... ¿Y tú? ¿Te gusta hablar en público? ¿Cuándo fue la última vez que hablaste en público? ¿De qué hablaste? ¿Cómo fue tu conferencia?

B: .... ¿Qué otras cosas te ponen nervioso? ¿Los exámenes? ¿Qué haces para relajarte?

A: .... ¿Y tú?

B: ....

A: Es necesario, a veces, decir una mentira? ¿Cuándo? ¿Bajo qué circunstancias?

B: .... ¿No estás de acuerdo?

A: .... ¿Cuáles son las razones más comunes por las cuales la gente dice mentiras?

B: .... ¿Cuál fue la última mentira que tú dijiste? ¿Por qué mentiste?

A: .... ¿Cuál fue la última mentira que alguien te dijo a ti? ¿Por qué te la dijo?

B: .... ¿Cuál fue la mentira más grave que hayas escuchado?

A: .... ¿Y tú?

B: .... ¿Eres una persona que exagera mucho? ¿Conoces a alguien que exagere mucho? ¿Qué tipo de exageraciones hace?

A: .... ¿Qué piensas de los secretos? Eres una persona que tiene muchos secretos?

B: .... ¿Y tú? ¿Qué tipo de secretos piensas que son los más comunes?

A: .... ¿Tuviste algún secreto que tus padres no sabían cuando eras más joven? ¿Todavía tienes secretos que ellos no saben?

B: .... ¿Y tú?

A: .... ¿Con quién puedes confesar todos tus secretos más íntimos? ¿Por qué?

B: ....

"El campo y el medio ambiente"

A: ¿Qué experiencia has tenido con el campo? ¿Has vivido en el campo? ¿Tienes parientes/amigos que viven en el campo?

B: ...... y también ...... ¿Y tú? ¿Has pasado algún tiempo en un rancho o granja?

A: ...... ¿Te gustan los animales? ¿Has ordeñado una vaca alguna vez, una cabra?

B: ...... ¿Y tú? ¿Qué experiencias has tenido con los animales de un rancho? ¿Que animales que gustan más? ¿Los puercos, las gallinas, los caballos, las vacas, las cabras, los búfalos?

A: ...... ¿Cuáles son las ventajas de la vida en el campo?

B: ...... ¿Qué piensas que son las desventajas?

A: ...... ¿Dónde preferirías tú vivir? ¿Por qué?

B: ...... ¿Te gusta pasar mucho tiempo afuera? ¿Por qué sí/por qué no?

A: ...... ¿Y tú? ¿Has participado en algún programa de cuidar el medio ambiente?

B: ...... ¿Y tú, practicas el reciclaje? Qué cosas reciclas?

A: ...... Y tú, ¿qué otras cosas haces?

B: ..... ¿Piensas que el calentamiento global es un problema?

A: ...... Y tú, ¿qué piensas que son los problemas ecológicos más graves que existen actualmente?

B: ...... ¿Tienes un jardín o huerto? ¿Qué cosas creces?

A: ...... ¿Y tú? ¿Por qué piensas que los ancianos pasan tanto tiempo en sus huertos y jardines?

B: ...... Un acto de la naturaleza puede cambiar por completo la vida de una persona. ¿Ha habido algún "accidente" o suceso inesperado que ha cambiado tu vida dramáticamente? Describir:

A: ...... ¿Y tú?

B: ...... ¿Tienes muchos accidentes en tu vida?

A: ...... ¿Y tú?

B: ......

"Las Enfermedades"

A: ¿Tienes buena salud? ¿Cuándo fue la última vez que te enfermaste? ¿Qué tuviste?

B: ...... ¿Y tú? ¿Cuánto tiempo duró la enfermedad? ¿Qué hiciste para curarte?

A: ...... Cuando el médico sugiere que te quedes en cama, ¿lo haces? ¿Qué cosas te inspiran dejar la cama?

B: ...... ¿Y tú? ¿Qué haces para entretenerte cuando estás enfermo/a?

A: ...... ¿Tomas muchas pastillas/píldoras? ¿Cuáles son tus medicaciones preferidas?

B: ...... ¿Piensas que la gente toma demasiadas píldoras? ¿Por qué/por qué no? ¿Cuáles son las medicaciones más populares? ¿Por qué son populares?

A: ...... ¿Cuáles son las enfermedades más comunes?

B: ...... ¿Qué medidas preventitivas podemos tomar para evitar estas enfermedades?

A: ...... ¿Qué otras medidas conoces?

B: ...... ¿Piensas que la dieta influye mucho en la salud?

A: ...... ¿Qué cosas comes tú?

B: ...... ¿Tienes un/a médico que ves con frecuencia? ¿Cómo es?

A: ...... ¿Y tú? ¿Como lo/a escogiste?

B: ...... ¿Cuán a menudo vas al médico?

A: ...... ¿Y tú?

B: ...... ¿Cuando estás enfermo/a, ¿prefieres estar solo/a, o prefieres tener a alguien siempre contigo? ¿Por qué?

A: ...... ¿Y tú?

B: ...... ¿Has estado alguna vez en el hospital? ¿Has conocido a alguien que haya estado en el hospital? ¿Describe la ocasión:

A: ...... ¿Y tú? ¿Te gustan los hospitales? ¿Por qué/por qué no?

B: ...... ¿Qué piensas del Programa de Salud Nacional?

A: ...... ¿Y tú, qué piensas?

B: ...... porque .... ¿Qué tipo de plan de salud tienes actualmente?

B: ...... ¿Qué accidentes has tenido en la vida? Describe la situación:

A: ...... ¿Y tú? ¿Por qué ocurre la mayoría de los accidentes?

B: ...... ¿Sabes algo de primeros auxilios? ¿Qué sabes?

A: ...... ¿Y tú? ¿Sabes hacer la resucitación boca a boca?

B: ...... ¿Cuál es la peor enfermedad o accidente que tú o alguien en tu familia haya tenido? ¿Qué se hizo como tratamiento?

A: ...... ¿Crees que algunas enfermedades son psicosomáticas? ¿Cuáles son las más comunes?

B: ......

A: ¿Has cometido un crimen alguna vez?

B: .... ¿Y tú? ¿Cuándo? ¿Bajo qué circunstancias?

A: .... ¿Has robado alguna cosa de una tienda o mercado? ¿Qué? ¿Cuándo? ¿Por qué?

B: .... ¿Y tú? ¿Te agarraron o te escapaste?

A: .... ¿Conoces a alguien que ha robado más de una vez?

B: .... ¿Y tú? ¿Conoces a alguien que ha estado en la cárcel?

A: .... ¿Y tú? ¿Qué piensas que te gustaría menos de estar en la cárcel? ¿Por qué?

B: .... ¿Piensas que la cárcel funciona para reformar a los criminales? ¿Qué alternativas podrías imaginar?

B: .... En cuanto a las leyes para el tráfico, ¿cuáles son las leyes que desobedeces con más frecuencia?

A: .... y también .... ¿Y tú?

B: .... ¿Cuántas multas has tenido en tu vida? ¿Por cuánto dinero?

A: .... Y tú, ¿eres un/a buen/a conductor/a? ¿Cuáles son las características de un buen conductor? ¿De un mal conductor?

B: .... ¿No estás de acuerdo?

A: .... ¿Piensas que los conductores aquí son mejores o peores que los en otros estados? ¿Por qué?

B: .... En cuanto a las leyes para menores de edad—tomaste una cerveza alguna vez antes de tener veintiún años? ¿Por qué? Describe la circunstancia:

A: .... ¿Y tú?

B: .... ¿Y otras sustancias ilegales—la marijuana, la cocaína, la heroína, el peyote, el ácido?

A: .... ¿Y tú? ¿Conoces a alguien que ha usado estas drogas? ¿Qué efectos tienen? ¿Por qué se las usa?

B: .... ¿Y tú? ¿Dónde se las consigue? ¿Cuánto cuestan?

A: .... ¿Cuál es tu primera reacción cuando ves el coche de un policía?

B: .... ¿Qué experiencias has tenido con la policía en el pasado?

A: .... ¿Qué piensas de la pena de muerte?

B: .... ¿Y tú?

A: .... Se habla mucho hoy día del peligro en las calles, ¿te sientes seguro/a cuando caminas por las calles?

B: .... ¿Y tú? ¿Tienes miedo de ir de paseo a solas por la noche?

A: .... ¿Qué piensas del control de las armas de fuego? ¿Tienes una pistola?

B: .... ¿Y tú? ¿Estás de acuerdo con la NRA? ¿Estaríamos más seguros si todos tuviéramos un rifle de as alto?

A: .... ¿Qué dirías que son las causas principales del crimen?

B: .... ¿Y tú? ¿Qué soluciones puedes imaginar?

A: .... ¿Dicen que en los EEUU tenemos más homicidios por persona que ningún otro país que no está de guerra. ¿Cuáles serían las causas de esto?

B: .... ¿Qué piensas de las leyes que tienen que ver con el homicidio, o la violación? ¿Son suficientemente estrictas?

A: .... ¿Pienas que el ser humano es esencialmente bueno?

"Los Días Festivos"

A: ¿Cuáles son tus días festivos favoritos? ¿Por qué?

B: ...... ¿Y los tuyos?

A: ...... En tu familia, ¿tienen una tradición para el Día de Acción de Gracias? ¿Qué hacen? ¿Qué haces tú? ¿Qué te gusta más de este día?

B: ...... ¿Y en tu familia?

A: ...... ¿Cuál ha sido el mejor Día de Acción de Gracias que hayas tenido?

B: ...... ¿Cuál fue tu peor Día de Acción de Gracias? ¿Por qué fue tan malo? ¿Qué pasó?

A: ...... Y para la Navidad o las vacaciones del invierno, ¿qué hacen en tu familia?

B: ...... ¿Es diferente en tu familia? ¿Qué te gusta más de estas vacaciones? Qué te gusta menos?

A: ...... ¿Recibes muchos regalos? ¿Compras muchos regalos? ¿Cuánto dinero gastas? ¿Haces algunos regalos a mano? ¿Qué tipo de regalos das y recibes?

B: ...... ¿Y tú?

A: ...... Describe la mejor vacación de invierno que hayas tenido:

B: ...... ¿Has ido alguna vez a una buena fiesta del Año Nuevo? Describela:

A: ...... ¿Y para el Día de los Enamorados? ¿Qué haces para ese día?

B: ...... ¿Y tú? ¿Siempre tienes una cita? ¿Te sientes triste por las personas que no tengan citas?

A: ...... ¿Cuál fue el mejor Día de los Enamorados que jamás hayas tenido? ¿Por qué fue tan bueno?

B: ...... ¿Y tú?

A: ...... ¿Te gusta la Noche de las Brujas (Halloween)? ¿Qué disfraces llevabas cuando eras niño/a?

B: ...... ¿Qué haces para tu cumpleaños?

A: ...... ¿Y tú? ¿Te gustan las fiestas de cumpleaños, o te hacen sentirte viejo/a? ¿Qué te gusta mas de los cumpleaños? ¿Qué te gusta menos?

B: ...... ¿Y tú?

A: ...... ¿Qué haces para el cuatro de julio?

B: ...... ¿Y tú? ¿Eres muy patriótico? ¿Irías a la guerra por tu país? ¿Por qué/por qué no? ¿Bajo qué condiciones?

A: ...... ¿Celebras el Día de los Caídos? ¿Qué haces ese día?

B: ......

"Los ritos de pasaje y las rutinas"

A: Muchos de los mitos antiguos tienen que ver con un rito de pasaje, un pasaje de la niñez a la juventud, o de la juventud a la madurez del adulto. ¿Puedes indentificar momentos o experiencias específicos que han marcado estos pasajes en tu vida?

B: Cuando tenía ..... años yo .... y .... ¿Y tú? ¿Qué eventos han marcado estas transformaciones en tu vida?

A: .... ¿Hay algunos cuentos o libros o personas que te hayan ayudado a hacer estas transformaciones?

B: .... ¿Y tú?

A: .... ¿Qué piensas de los ritos de matrimonio en nuestra sociedad? ¿Funcionan bien para "unir" a la pareja?

B: .... ¿Qué piensas tú?

A: .... ¿Qué experiencias has tenido con la muerte? ¿Has perdido a un pariente?

B: .... Y tú, ¿crees en una "vida" después de la muerte?

A: .... ¿Cómo es tu rutina diaria? ¿Es una rutina que te hace sentir "vivo"?

B: .... ¿Cómo es tu rutina?

A: .... ¿Qué son las cosas que te gustan más de tu rutina, y menos?

B: .... ¿Y tú? ¿Por qué piensas que creamos rutinas?

A: .... ¿Cuál es la diferencia entre un rito y una rutina?

B: .... ¿Estás de acuerdo?

A: .... ¿Sucede, a veces, que te cansas de tu vida? ¿Por qué? ¿De qué te cansas?

B: .... ¿Y tú?

A: .... Si pudieras crear una vida ideal para ti, ¿como sería? ¿Dónde vivirías? ¿Qué harías?

B: .... Y tú, ¿cómo sería tu "rutina" en tu vida ideal?

A: .... ¿Has tenido alguna vez una experiencia extraordinaria que ha cambiado tu vida? ¿Cuándo?

B: .... ¿Y tú? ¿Has conocido a otras personas que han tenido este tipo de experiencia?

A: ....

"La política"

A: ¿Has participado en algún proyecto politico? ¿Por qué sí/por qué no?

B: ...... ¿Y tú? ¿Has trabajado para algun cadidato o partido?

A: ...... ¿Te mantienes al día en cuanto a la política? ¿Cómo lo haces? ¿Por periódicos, la televisión, la radio, el Internet?

B: ...... ¿Y tú? ¿Por qué?

A: ...... En las últimas elecciones presidenciales en los EEUU, solamente 50% de los adultos votaron. ¿Por qué crees que tan poca gente vota? ¿Votaste tú? ¿Qué podemos hacer para combatir esta apatía?

B: ...... ¿No estás de acuerdo?

A: ......

B: ¿ Qué piensas que son las cuestiones políticas de más importancia que tenemos que solucionar hoy día? ¿Hay soluciones?

A: ...... ¿Piensas que el mundo es más violento hoy que hace cien años, hace 500 años? ¿Por qué sí/por qué no?

B: ......

A: ¿Cuáles son las causas de la violencia? ¿Eres tu violento? ¿Cuándo? ¿Por qué?

B: ...... ¿Y tú? ¿Conoces a alguien que sea sumamente violento? ¿Qué cosas hace?

A: ...... Un elemento importante en Latinoamérica es el machismo. ¿Cómo definirías tú el machismo?

B: ...... ¿Has tenido alguna experiencia con el machismo? ¿Es siempre malo el machismo?

A: ...... Los hombres machos tratan de soportar el dolor físico sin mostrar lo que están sufriendo. ¿Cómo soportas tú el dolor físico? ¿Lo soportas bien o mal?

B: ...... ¿Y tú?

A: ...... ¿Cómo influye el temor al dolor fisico en cómo vives? Dar ejemplos:

B: ...... ¿Cuál es la experiencia más dolorosa que jamás hayas tenido?

A: ...... ¿Y tú?

B: ...... ¿Por qué cosas darías tú la vida? ¿Por tu Patria? ¿Por tu familia? Explicar:

A: ...... ¿Y tú? ¿Bajo qué circunstancias?

B: ...... ¿Qué piensas de las guerras en las cuales ha participado los EEUU—Korea, Viet Nam, El Golfo Pérsico, Iraq?

A: ...... ¿Y tú?

"La tecnología"

A: ¿Qué tipos de cosas tecnológicas usas diariamente? ¿Teléfonos, televisión, computadoras? ¿Otras máquinas?

B: .... y uso .... y siempre estoy usando ...... ¿Y tu? ¿Cuán a menudo usas el teléfono celular? ¿Cómo cambiaría tu vida si el Iphone no existiera?

A: Lo uso .... y para .... Si el Iphone no existiera yo ...... y seguramente yo .... y .... ¿Y tú? ¿Piensas que tu vida sería mejor o peor sin el teléfono? ¿Cómo sería mejor? ¿Cómo sería peor?

B: Sería mejor porque ...... y no ...... y tampoco .... Sería peor porque .... y también ...... ¿Y si no existiera el Internet? ¿Cómo cambiaría tu vida?

A: .... ¿Sería diferente *tu* vida?

B: .... y seguramente yo .... y sería bueno que .... ¿Y el automóvil? ¿Te gustaría si no existiera el automóvil personal, y todo el mundo tuviera que usar el transporte público (autobuses, tranvías, trenes, etc)?

A: ...... y sería más difícil .... pero es posible que las personas .... y probablemente habría menos .... y .... ¿Qué piensas tú? ¿Cómo cambiaría el ritmo de tu vida?

B: .... y probablemente tendría un efecto en las relaciones personales. Por ejemplo, sin el automovil las personas tendrían que .... y por eso ellos harían .... y ....¿Escuchas la radio?

A: .... ¿Y tú? ¿Prefieres la música viva o la música grabada?

B: .... ¿Tocas algún instrumento? ¿Conoces a alguien que toque un instrumento?

A: .... ¿Piensas que mas personas aprenderían a tocar instrumentos si no existieran los estereos?

B: .... ¿Te gusta cantar? ¿Cantas con tus amigos?

A: .... ¿Y tú? ¿Qué cantas? ¿Cuándo? ¿Dónde?

B: .... y canto mucho cuando estoy en .... ¿Piensas que la gente socializaría más o menos en una fiesta si no hubiera música electrónica?

A: .... ¿Vuelas mucho en los aviones? ¿Te gustan?

B: .... ¿Has viajado alguna vez en un tren? ¿Adónde fuiste? ¿Qué te gustó del viaje? ¿Qué no te gustó?

A: .... ¿Y tú?

B: .... La cultura norteamericana es considerada (por el resto del mundo) una de las culturas mas frías y más enajenadas socialmente en el mundo. Somos también una de las culturas más avanzadas tecnológicamente. ¿Piensas que hay una relación entre los avances tecnológicos y la enajenación?

B: .... ¿No estás de acuerdo?

A: .... ¿Te gustaría vivir en una época menos avanzada? ¿En qué siglo te gustaría haber vivido? ¿Por qué?

B: Me gustaría haber vivido en ...... porque .... y ...... ¿Y tú?

A: .... ¿Qué tipo de cosas compras?

B: .... ¿Y tú? ¿Haces alguna cosa a mano de vez en cuando o siempre compras todo en las tiendas?

A: .... ¿Y tú?

B: .... ¿Qué efecto ha tenido la tecnología moderna sobre nuestra experiencia del tiempo?

"Las generaciones familiares"

A: ¿Conoces a todos tus abuelos, tíos, primos?

B: .... Y tú, ¿cuánto tiempo pasas con ellos cada año? ¿Qué haces con ellos?

A: .... y siempre vamos a .... y cuando estoy con .... ¿Dónde viven tus parientes?

B: .... ¿Tienes hijos? ¿Pasas mucho tiempo con ellos?

A: .... ¿Pasas mucho tiempo con tus padres? ¿Qué haces con ellos?

B: .... ¿Te gusta pasar tiempo con tus padres? ¿Por qué/por qué no?

A: .... ¿Dirías que existen características personales que se repiten entre tus parientes, personalidades similares?

B: .... y también mi tío es como mi .... y yo soy como .... ¿Y en tu familia?

A: .... ¿Qué cosas tienes en común con tus hermanos?

B: .... y nos gusta .... y .... ¿Y tú?

A: .... ¿Cómo son diferentes ustedes?

B: .... ¿Qué cosas hacías con tus hermanos cuando eras niño? ¿Qué cosas haces ahora?

A: .... ¿Y tú?

B: .... ¿Existía alguna rivaldad entre tu y tus hermanos?

A: .... ¿Cómo era la casa en la cual creciste? ¿Era grande? ¿Con muchos cuartos? ¿Tenías una recámara privada o la compartías con tus hermanos?

B: .... y teníamos .... y había un .... y la cocina era .... y la sala era .... y teníamos un jardín que era muy .... ¿Cómo era tu casa?

A: .... y vivíamos en un barrio muy .... y .... ¿Quién te crió? ¿Con quién pasaste la mayoría de tu niñez y adolescencia? ¿Tu padre? ¿Tu madre? ¿Tu tía? ¿Tu abuelo? ¿Un hermano mayor?

B: .... ¿Y tú? ¿Te gustó?

A: .... y .... ¿Cuánta disciplina necesita un niño? ¿Vas a ser muy estricto/a con tus hijos? ¿Por ejemplo?

B: .... porque .... ¿Y tú?

A: .... ¿Existe un "generation gap" en tu familia? ¿Por qué? ¿Explicar?

B: ....

"Los héroes y las heroínas"

A: ¿Cuál es tu definición de un héroe?

B: Un héroe es una persona que ..... y .... ¿Cuál es tu definición?

A: .... y ....

B: ¿Eres una persona aventurosa? Describir una aventura que has tenido: ¿Cómo fue? ¿Qué hiciste?

A: ....

B: ¿Tuviste miedo? ¿Qué haces cuando tienes miedo?

A: .... y ...... ¿Y tú? Describir una aventura tuya: ¿Por qué hiciste lo que hiciste?

B: .... ¿Cuáles son los héroes en tu vida? ¿Por qué los consideras héroes?

A: .... Joseph Campbell ha dicho que todas las personas tenemos que pasar por varias estapas en la vida. ¿Cuáles han sido los cambios o retos más grandes que tú has tenido que enfrentar?

B: ...... ¿Y tú?

A: ...... ¿Piensas que los retos que enfrentan las mujeres son diferentes a los que enfrentan los hombres? ¿Por qué?

B: ...... ¿Piensas que tú eres un héroe? ¿Por qué sí, por qué no?

A: ...... ¿Por qué piensas que las estrellas del cine, o de la música, tienen tanta influencia en la vida de los jóvenes?

B: Porque ...... y porque .... Estás de acuerdo?

A: .... Crees que eso es bueno o malo? Por qué?

B: .... ¿Estás de acuerdo?

A: .... ¿Cuáles son los héroes más grandes de la religión? ¿Cristo? ¿El Buddha? ¿Mahoma? etc. ¿Por qué son héroes?

B: .... ¿Cuál es el papel de los "maestros" o "profesores" en las aventuras del héroe? ¿Quiénes son tus "maestros," o sea, las personas que te den dirección?

A: .... ¿Cuáles son los tuyos?

B: .... ¿Qué tiene que ver la muerte en la aventura del héroe? ¿Piensas tú mucho en la muerte?

A: .... ¿Y tú?

B: .... Si parte del trabajo de la aventura del héroe es "conocerse a sí mismo," ¿qué tenemos que hacer para empezar a conocernos a nosotros mismos?

A: .... ¿Qué piensas tú?

B: ....

"El mito en el mundo moderno"

A: ¿Qué cuentos o novelas has leído que han tenido un efecto en tu vida?

B: .... y .... me afectó mucho. ¿Y tú? ¿Cómo te afectaron?

A: .... ¿Qué libros religiosos has leído?

B: .... ¿Y tú? ¿Qué piensas de ellos? Qué aprendiste de ellos? ¿Todavía los lees? ¿Por qué/ por qué no?

A: .... porque .... ¿Por qué estudias las cosas que estudias?

B: .... y .... porque .... Y tú, ¿qué son las cosas más importantes que has aprendido en la escuela?

A: .... Sabes algo de los americanos nativos, los indígenas? ¿Qué sabes?

B: .... ¿Y tú?

A: .... ¿Has tomado alguna clase de filosofía? ¿De historia? ¿Cuáles fueron las cosas más importantes que aprendiste en esas clases?

B: .... ¿Y tú?

A: .... ¿Eres una persona que piensa mucho en el medio ambiente? ¿Practicas el reciclaje?

B: .... ¿Qué experiencias importantes has tenido con la naturaleza?

A: .... ¿Y tú?

B: .... ¿Cuál es el problema más grande que amenaza la naturaleza, el planeta?

A: .... ¿Estás de acuerdo?

B: .... ¿Qué piensas del existencialismo? ¿Te sientes enajenado a veces en nuestra sociedad? ¿Por qué/por qué no?

A: .... Y tú, ¿estás contento con nuestra sociedad como es, o quisieras cambiarla? ¿Cómo la cambiarías?

B: .... Y tú, ¿qué cambiarías?

A: .... ¿Eres una persona muy independiente o tiendes a seguir a los otros? ¿Por qué/por qué no?

B: .... ¿Y tú? ¿En qué sentido eres independiente?

A: .... ¿Cuáles son tus frustraciones más grandes en la vida?

B: .... ¿Cuáles son las tuyas?

A: .... ¿Tienes miedo de muchas cosas? ¿De qué tienes miedo? ¿Por qué?

B: .... ¿Y tú? ¿Qué haces cuando tienes miedo?

A: .... ¿Qué sabes de la pintura? ¿Qué pintores te gustan? ¿Por qué?

B: .... ¿Qué papel desempeñan los mitos clásicos en la comunicación?

A: ....

www.ingramcontent.com/pod-product-compliance
Lightning Source LLC
Chambersburg PA
CBHW081235020426

42331CB00012B/3180